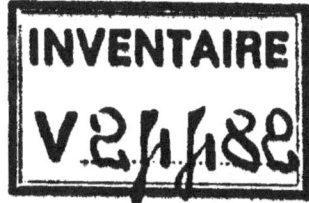

(Mg. p. 29-30).

(Par Liendé de Sepmanville d'après M. Montaiglon.)

1747

REFLEXIONS

NOUVELLES

D'UN AMATEUR

DES BEAUX ARTS,

*Adreſſées à M^e de ****   4

POUR SERVIR DE SUPLEMENT.
à la Lettre ſur l'Expoſition des Ou-
vrages de Peinture , Sculpture &c. de
l'année 1747.

_____

M DCC XLVII.

LETTRE.

MADAME,

Le Paſſage de Ciceron que vous me citez dans votre Lettre pour autoriſer les éloges dont vous m'honorez doit m'excuſer aux yeux du Public, ſi dans ma Réponſe j'emprunte la plume de ce même Auteur en vous obſervant que la louange plaît beaucoup quand elle nous eſt donnée par ceux qui en ont eux-mêmes beaucoup mérité... *Jucunda eſt laus quæ ab iis proficiſcitur qui ipſi in laude vixerunt !* ... Quoique j'y aye été ſenſible, je ſçai me rendre juſtice, & je ne m'approprierai jamais ce qui n'appartient qu'à ces *Amateurs honoraires* de l'Académie Royale de Peinture & Sculpture. Il eſt vrai que je pourrois avoir aſſez de préſomption pour les partager avec eux, parce que perſonne n'eſt exempt d'amour-propre. C'eſt un principe que nous apportons

en naiſſant, & dont nous ne pouvons
nous paſſer ; mais auſſi ce principe
porte avec lui une diſtinction. Il eſt
ſage ou déréglé. Comme ſage il con-
tribuë à former nos mœurs & à per-
fectionner nos talents : comme déréglé il eſt la premiere cauſe de nos
vices, & empêche ſouvent de re-
connoître en nous des défauts que
nous remarquons dans les autres. Sans
chercher, Madame, à vous flatter ni
à m'applaudir, je ſoutiens avec confiance qu'on peut nous appliquer la
premiere diſtinction du principe, mais
je ne conviendrai pas pour cela de
tout ce que vous dites à mon égard.
Pour vous, Madame, je puis aſſurer
avec vérité que vous égalez Ciceron
dans vos Lettres, par la délicateſſe de
l'expreſſion, les graces du ſtile, & les
fineſſes de l'Art que l'on admire dans
les ſiennes ; celle dont vous venez de
m'honorer & que j'attendois avec im-
patience m'a fait un plaiſir infini. J'ai
preſque oublié votre abſence en la
liſant : ou plutôt j'ai formé des re-
grets de ce qu'on ne peut jouir de la

fatisfaction d'en recevoir qu'au prix de votre éloignement.

Pour me vanger de la rareté de vos Lettres je fuis tenté d'en faire l'éloge. Je pourrois publier hardiment qu'elles feroient honneur aux meilleurs Efprits. Vos invectives font femées de traits qui ont échapé aux beaux Génies des deux fiécles rivaux, rien n'eft plus ingénieux ni plus vif que vos dépits ; lorfque vous y joignez ces fentimens nobles & généreux qui animent tout ce qui part de vous. Je pourfuivrai avec plaifir ; mais je crains de poufler trop loin ma vangeance & d'abufer de la Hardieffe que me donne votre abfence qui me prive de ces heureux momens que je partage avec vos amis quand vous êtes à Paris. Auffi je vous protefte avec Ciceron qu'un feul jour paffé avec vous auroit plus de charmes pour moi que tout le tems que je donne à la plûpart de ceux avec lefquels je fuis obligé de vivre.... *Unum medius fidius tecum diem libentius pofuerim quam hoc omne tempus cum plerifque eorum quibufcum vivo neceffariò....* A iij

Le remerciement que vous me faites, Madame, des différentes commissions que je vous ai envoyées en vous failant part des nouveautés qui peuvent vous intéresser, me rappelle encore une réfléxion de votre Auteur favori qui vous dit en mon nom que la bonté que vous avez de paroître satisfaite de mes soins vient d'une certaine abondance de tendresse qui vous rend sensible à des services dont je ne pouvois me dispenser sans crime... *Quod autem tibi grata mea erga te studia scribis esse, facis tu quidem abundantiâ quadam amoris, ut etiam grata sint, eaque praetermitti sine nefario scellere non possunt....*

Parmi les Livres que M. le Président de *** s'étoit chargé de vous remettre de ma part en allant à ses Terres, celui qui paroît vous avoir le plus occupé, & auquel vous avez donné la préférence à cause de sa nouveauté est la *Lettre* (1) qui fait le

(1) *Lettre sur l'Exposition des Ouvrages de Peinture, Sculpture &c. de l'année 1747, & en général sur l'utilité de ces sortes d'Expositions.*

sujet des observations, des petites invectives & des reproches que vous
faites à l'Auteur dans celle que vous
m'adressez en m'obligeant d'y répon-
dre. Vous voulez, Madame, que je
vous communique les réfléxions que
les vôtres peuvent m'avoir donné occasion de faire. Je ne me sens point
assez de force pour remplir dans toutes ses parties le rôle que vous me
proposez. Ce seroit en vain qu'on tâ-
cheroit de ramener au bon goût une
foule de gens que les préjugés & l'i-
gnorance aveuglent. Il ne reste d'autre
ressource à l'homme d'esprit que celle
de céder au torrent & de gémir des ef-
fets de la prévention. Pour moi, Madame, qui ne veux point m'ériger en
Connoisseur, je laisse à ceux qui professent eux-mêmes le bel Art de la Peinture le droit qu'ils ont de juger plus
sainement & avec plus de solidité que
ceux qui n'en ont qu'une foible idée,
& qui même ne s'y connoissent point
du tout. Cependant comme à votre
exemple j'ai toujours eu un goût décidé pour les beaux Arts, je vais vous

proposer les observations que j'ai faites en les confondant avec les vôtres.

L'Auteur de la *Lettre sur la Peinture* prétend avoir des raisons *pour souhaiter de n'être pas connu. Ce n'est pas pour en abuser*, dit-il, qu'il veut garder l'Anonime : *l'amour du vrai, l'amusement du Public, l'avancement des arts, la gloire de ceux qui les professent avec distinction*, si l'on veut l'en croire *voilà tout ce qu'il s'est proposé* dans sa Lettre dont à cause de la matiere qu'il y traite & qui par elle-même est aussi agréable qu'intéressante, *il se trouve insensiblement avoir fait presque un Livre*.......... Mais vous avez l'esprit si pénétrant, Madame, que je commence à penser comme vous, qu'il n'a cherché à cacher son nom que pour publier plus hardiment les *deux Lettres* (1) qu'il rapporte fidélement & pour avoir occasion de faire son éloge. Vous avez lû dans la Lettre de M. de Mauper-

(2) *Lettre de M. de Maupertuis Président de la Société Royale de Berlin à M. l'Abbé Leblanc & sa Réponse.* Voyez la Lettre sur la Peinture, pag. 44. & suivantes.

tûis que c'est un homme d'esprit, de
talent & un homme de bonne compagnie,
qu'il renferme trois hommes en lui seul,
qu'il ne tient qu'à lui de les faire briller
à Berlin, & qu'il seroit le seul Ecclesiaf-
tique Romain à la Cour du Roy de Pruffe.

Dans sa réponse il observe avec modeftie qu'il *suffit à un Etat qui ne suffi-
roit pas à d'autres & que sans être heureux il est content....!* Mais *s'il n'a
d'autre but* dans sa Lettre sur la peinture *que de défabuser ceux qui ont envie
d'apprendre & qui lisant de bonne foi
croient de même ce qu'i's lisent parce que
cela est imprimé*, il est donc permis de
douter de ce qui lui est personnel dans
ces deux Lettres. En effet quand on
examine les observations critiques
qu'il a crû être en droit de faire, on
peut soupçonner qu'il n'a pas encore
les *lumieres & ces connoiffances qu'il faut
avoir pour aprecier avec exactitude . ces
qualités extraordinaires qui* selon lui
*mettent tant de différence entre les Pein-
tres & ces divers goûts qui font que les
Ouvrages des uns, sont plus estimés que
ceux des autres.* C'est en parlant d'a-

près vous, Madame, qu'on pourroit lui rendre les mêmes *reproches* qu'il fait à l'*Auteur des réflexions sur la peinture* (3) cependant il est persuadé que *son intention a été bonne, qu'on lui doit sçavoir toujours gré de l'entreprise, & que s'il n'est pas aussi bon Connoisseur qu'Amateur, c'est du moins un Citoyen zelé pour la gloire de sa patrie!*

Quant à moi je ne prendrai pas un ton trop décisif dans ma réponse, en vous parlant des Ouvrages que notre Auteur par une espece de mépris a laissé dans l'oubli.! Vous l'avez fort bien remarqué, Madame, dans votre Lettre, & je ferai usage de vos réflexions pour rendre justice à *quantité de tableaux qui sont exposés au Salon & dont il ne parle point, dit-il, parce que plusieurs n'en valent pas la peine & que beaucoup d'autres qui mériteroient qu'on en fit mention y ont déja paru..!*

Mais en suivant les *avis* de notre

(3) *Réflexions sur quelques causes de l'Etat présent de la Peinture en France avec un Examen des principaux Ouvrages exposés au Louvre le mois d'Août 1746.*

Auteur dont il n'a pas fçû profiter lui-
même ; je n'entreprendrai rien qui
puiſſe faire aucun tort à des hommes
illuſtrés dans une Académie auſſi reſpectable & dont elle ne fait choix
que parce qu'elle leur a connu des talents ſupérieurs. Je me garderai bien
de donner des loix à des gens auſſi
ſçavants & ſur-tout ayant aujourd'hui
un Chef qui *a toujours mis de l'eſprit*
& de la vérité dans tout ce qu'il a peint
ou écrit, que ſon mérite, les ſuffrages du
public & les vœux de l'Académie même
ont élevé à la place de premier Peintre
du Roi.

J'avoue avec vous , Madame ,
» qu'il eſt impoſſible aux hommes de
» ſe trouver de niveau dans ſa ſupério-
» rité de leurs talents : qu'il y a des
» dons de la nature de différentes eſ-
» peces & que ce qu'elle veut bien
» accorder à l'un, elle le refuſe à l'au-
» tre, c'eſt ainſi qu'elle a ſçû nous
» donner des hommes auſſi variés dans
» leurs talents comme ils s'en trouvent
» dans leurs différentes façons de pen-
» ſer . . » Voilà ſans doute ce qui vous

fait dire que » parmi nos célébres
» Peintres d'hiſtoires & en faiſant un
» examen judicieux de leurs Ouvrages
» on y rencontre tous les jours de nou-
» velles beautés que chacun en parti-
» culier de ces illuſtres Peintres a des
» parties dignes d'être admirées & que
» le mérite ſupérieur de quelques-uns
» ne nous donne point du mépris pour
» les autres ... » Il eſt vrai, Madame,
qu'il me ſemble voir Minerve & la
Juſtice préſider aux ouvrages de ces
grands hommes leur rendre à chacun
ce qui leur eſt dû, partager des lau-
riers ſelon leur mérite couronner l'un
ſans décourager l'autre, & par leurs
ſoins ingénieux ranimer leur ardeur,
donner à la France des hommes im-
mortels, apprendre à l'univers la valeur d'un prix auſſi équitable & l'eſti-
me que l'on doit avoir pour des hommes qui travaillent ſans ceſſe à ſe rendre dignes de le remporter. Aucun d'eux n'ignore les caractéres
qui donnent de la vérité & de l'ame
au tableau d'hiſtoire; & que ce ſont ces
caracteres qui cauſent l'étonnement,

la

la crainte & le respect dans l'esprit du
Spectateur au premier coup d'œil. Per-
mettez-moi de vous rappeller, Madame, les réfléxions que je vous propo-
sai en vous faisant l'explication histo-
rique des tableaux exposés dans la
galerie d'Apollon & que je fus voir
avec vous la veille de votre départ.
Je ne vous donne pas ces réfléxions
comme un bien qui m'appartienne en
propriété, peut-être reconnoîtrez-vous
mieux aujourd'hui la source où je les
ai puisées ?

Un Peintre d'histoire doit avoir
une imagination vive, noble, & su-
blime pour ne point tracer du même
pinceau les Héros & les hommes ordi-
naires. Un grand Peintre d'histoire est
Poëte, & marche après les plus grands
Poëtes ? Sera-ce seulement par un thrô-
ne, par une couronne, par des Gardes
qu'un Peintre judicieux sçaura distin-
guer un grand Roi du reste de ses sujets;
la plenitude de sa puissance n'éclatera-
t-elle pas dans ses regards, dans son
port, dans toute sa personne ! ne fera-
t-il pas sortir du nuage auguste de ses

B

fourcis, la foudre de fa valeur mar-
tialle dans les combats. Tracera - t -il
feulement uń grand Capitaine en met-
tant ce Prince à la tête de fes Armées ?
Oubliera-t-il de caracterifer encore en
lui un Roi pacifique & fage que la juftice & l'équité ont forcé de pren-
dre les armes. Un Roi tendrement
aimé de fes fujets, qui les aime de
même; qui les mene à l'ennemi, qui
les anime par fon exemple, qui les
conduit aux dangers, qui les partage
avec eux, & qui ne croit jamais qu'u-
ne victoire lui coute peu quand elle
lui coute leur fang… ! Le Peintre veut-
il donner dans un point de vûë plus
riant? de retour de fes conquêtes dans
fon Palais au milieu de fes peuples
jouiffant à peine lui-même du repos
qu'il leur procure? Que la Majefté
qui l'environne foit fans fafte ; que fa
fierté foit fans orgueil ! que la gloire
dont il vient de fe couvrir foit accom-
pagnée de cette modeftie qui ne fe
trouve que dans les grandes ames,
& qui apprend au vulgaire des hommes, aux Guerriers ambitieux, que

le même éclat qui les frape, qui les
enyvre d'orgueil & qu'ils ne peuvent
soutenir ; un vrai Héros le soutient
sans peine & n'en est pas ébloüi...!
Que le Peintre écrive sur son front &
dans tous ses traits, la clémence &
la sagesse de son Goüvernement, qu'il
ne perde point de vûë son modele,
qu'il ne copie que d'après le Héros,
le Grand-Roi, & son tableau porté
aux extremités de la terre imprimera
du respect, de la crainte & de l'amour
à toutes les nations...!

Je me suis peut-être trop étendu
dans le détail de ces réfléxions, Madame; mais si vous prenez autant de
plaisir à les lire que j'en ai ressenti à
vous les rendre, vous me pardonne-
rez facilement. D'ailleurs je ne les crois
point déplacées, l'application que l'on
en peut faire est toute naturelle, puisqu'elles renferment un éloge gravé
dans le cœur de tous les François.

J'en reviens à notre Auteur & aux
invectives que vous lui dites dans votre Lettre. Rien ne vous a échapé dans
la sienne. Vous y remarquez le mépris

B ij

qu'il fait de plusieurs tableaux en les
laissant dans l'oubli;& qu'en parlant de
celui de M. Collin de Vermont, ouvrage digne d'un grand Peintre, il dit
qu'il faut toujours leur rendre justice sur
sur ce qu'il y a de bon dans leurs ou-
vrages, que c'est être ignorant ou fla-
teur que de tout louer, mais que c'est être
trop sévere ou plûtôt injuste que de n'esti-
mer que ce qui est parfait & achevé...?
Vous me faites sentir par les différents
endroits que vous citez qu'il s'est con-
trarié lui-même, & qu'il se rend justice en disant qu'il *faut être ignorant ou*
flateur. Qu'il a *tombé* dans des *contra-*
dictions qui ne permettent pas de *pren-*
dre confiance en lui, qu'on pourroit le
regarder en l'examinant de près comme le second Tome de celui qui montre les tableaux dans les galeries du
Luxembourg, & qui *n'a d'avantage sur*
ceux à qui il les explique que d'en sçavoir
historiquement le mérite. Vous ajoutez
encore que ‹ s'il eût connu la force
» de ses termes il auroit menagé ses
» louanges avec plus d'équité; » & que
ce sont les endroits de son Livre que

17

vous me rapportez qui me fourniront l'occasion de rendre plus de justice à ceux qu'il a loués si foiblement en relevant ceux qu'il a jugés indignes de sa plume.

Souvenez-vous, Madame, que je serai souvent votre écho dans l'exécution du plan que vous me proposez, & si je suis exactement tous les articles de votre Lettre, peut-être serai-je obligé de passer les bornes que je m'étois prescrites.

J'observerai d'abord que notre Auteur avance quelquefois des choses qui n'ont d'autres preuves que sa prévention. Si au lieu de *donner des avis à ceux qui ne lui en demandoient pas*, il avoit consulté les *Amateurs honoraires* de l'Académie (4) il n'auroit pas ha-

(4) Voilà les Juges équitables
Et les Connoisseurs véritables
Qui peuvent donner des avis
A chaque Artiste qui les aime ;

B iij

zardé de dire que *beaucoup d'autres ta-*
bleaux qui mériteroient que l'on en fist
mention y ont déja paru , & il auroit
appris (s'il est vrai qu'il l'ignore) que
les tableaux de MM. Caze, Galoche,
& d'Hulin n'ont jamais été exposés en
public ; que ces deux *vieux Athlètes*
qui , dit-il, *ne peuvent pas dans la lice*
courir aussi vîte que les jeunes , ont été si
vigoureux à la course que les jeunes
ne peuvent pas les passer d'aussi loin
qu'ils le souhaiteroient.

  Pourquoi donc n'a-t-il point parlé
des deux petits tableaux de M. Galoche , s'il est incapable d'en juger, que
ne s'adressoit-il à ces *Connoisseurs ju-*
dicieux & désintéressés , ils lui auroient
dit que » ces deux ouvrages sont bien
» composés d'une force de couleur
» admirable , d'un dessein correct &
» sçavant.... »

  Au bas de ces deux petits tableaux

Et comme ils pensent tous de même ,

Avec plaisir ils sont suivis.

étoit un Portrait dont la couleur, le
deſſein & l'harmonie ſont pouſſés à un
ſi haut degré de perfection qu'il peut
aller à côté de ceux des plus grands
Maîtres en ce genre. Quoique M. Galoche n'en ait jamais fait que lorſqu'il
y a été engagé par quelques amis ;
l'Hiſtoire ayant toujours fait le principal objet de ſon travail, cet éloge
eſt avoué de ceux même qui profeſſent
aujourd'hui le talent du portrait.

Notre Auteur n'avoit-il rien à dire
des trois tableaux de M. d'Hulin
(5.) quoiqu'il y ait pluſieurs années
qu'ils ſoient faits, il eſt certain qu'ils
n'ont jamais parû au Salon & qu'ils
valoient bien la peine de lui faire partager les éloges qu'il donne à ſes Confreres.

Les deux tableaux de M^rs. Galoche
& Caze n'ayant pû être achevés pour
l'ouverture du Salon, & n'ayant été
expoſés que depuis l'impreſſion du *Li-*
vre de notre Auteur, ſans adopter ſon
ſyſtême je vais lui ſervir de ſuplément

(5) Voyez le Livre d'Explication des Tableaux p. 13. N°. 14. 15.

en vous affurant que malgré les *infir-
mités qui ont retardé leur travail* ces tableaux nous font affez connoître jufqu'à quel point ces *vieux Athletes* ont
pouffé leurs talents dans la plus gran-
de force de leur âge, & je ne crains
point d'avancer que leurs jeunes Confreres pleins d'équité ont rendu à ces
deux illuftres vieillards toute la juftice
qu'ils meritoient.

Vous avez raifon de reprocher à
notre Auteur le filence qu'il a gardé
fur les deux tableaux de M. Reftouft
dans lefquels le public a admiré une
compofition auffi *fçavante* que *l'effet* en
eft *admirable.*

Vous vous fouvenez fans doute,
Madame, que parmi plufieurs tableaux
de M. Boifot vous en remarquâtes un
(6) qui lui a fait honneur, cependant
notre Auteur n'a pas daigné feulement
le nommer. En vérité, Madame, vous
avez raifon de dire que le mépris ne
» doit point aller jufqu'au point de

(6) Voyez le Livre d'Explication p. 22.
N°. 88. la déification d'Enée eft le fujet de ce
Tableau.

» faire oublier de jeunes Peintres qui
» marchent avec ardeur dans le vrai
» chemin tandis qu'au contraire on de-
» vroit chercher à les encourager fur
» tout lorſqu'on leur connoît des
» talents & des *parties* dignes d'être
» miſes au jour... »

Il y a auſſi un ſujet de M. Frontier
repréſentant *le Martyr de S. Maurice
& de ſes Compagnons*, ſi l'on ne trouve
pas quelques parties dans ce tableau
telles qu'on l'eût ſouhaité du moins
il s'y rencontre une correction de deſſein qui n'eſt pas à mépriſer.

Ces petites obſervations, Madame,
vous prouvent que la prévention a
ſouvent beaucoup de part à ces ſor-
tes de brochures telles que celle de notre Auteur. Voilà pourquoi vous remarquez dans votre Lettre que » lorſ-
» qu'il n'eſt pas encore parlé d'un
» homme, il ſemble qu'on ne daigne
» pas regarder ni examiner un tableau?
» c'eſt d'un tel dit-on ? l'on paſſe ? à
» peine ſçait-on quel en eſt le ſujet !
» voilà le malheur de notre ſiécle ?
» un homme forme ſa réputation ſur

» un ouvrage, l'on décide en sa faveur,
» les autres ne sont rien, il n'est par-
» lé que de lui...? Je pourrois en con-
tinuant cette réflexion en ajouter d'autres, tout ce que je puis dire en me
servant des mêmes termes de notre Auteur, c'est que *tout le monde a été surpris*
de lui voir rendre si peu de justice, en
ne parlant point de ceux que je viens
de nommer & de quelques autres dont
je vais vous entretenir.

S'il y a quelques parties que le Peintre
n'ait pas, il faut considerer celles dans
lesquelles il excelle. Ce n'est, (me
disoit l'autre jour un Académicien)
» que parmi les beautés qui se ren-
» contrent dans les ouvrages de nos
» Confreres, que nous appercevons
» celles qui ne se trouvent pas dans
» les nôtres ! nécessité absoluë pour
» un Salon, qui est autant pour l'é-
» mulation que pour le Public. Quand
» un homme est parvenu à un certain
» degré de perfection, quoiqu'il ne
» soit pas du premier ordre, on dé-
» couvre souvent dans ses ouvrages
» des beautés inconnuës à ceux qui

» se laissant aisément prévenir ne sui-
» vent que les Préjugés qui font l'ora-
» cle de leurs jugements, au lieu d'a-
» voir des Indulgences pour ceux à qui
» nous connoissons des talents & de
» ne jamais oublier que si plusieurs
» qui en ont des Superieurs manquent
» quelquefois, nous devons passer
» quelque chose à ceux à qui la nature
» a refusé ce qu'elle a bien voulu don-
» ner à d'autres..?

Passons maintenant aux portraits
que l'on n'a pas assez loués ou que
l'on a mis en oubli. Notre Auteur n'a
pû s'empêcher d'admirer celui de
M. Carlevanloo. Il ne pouvoit trop
louer un *si magnifique Portrait où tout an-
nonce un homme qui est Maître dans toutes les parties de son Art*; mais en faisant son éloge il a préparé celui qui
a été son principal objet ayant eu soin
d'observer que la *tête est prise d'après
celle peinte en pastel par M. Delatour.*

Vous sçavez comme moi, Madame,
qu'elle n'a été copiée d'après lui, que
pour épargner des peines à la Reine;

le Public qui connoît le talent superieur de M. Carlevanloo, n'a jamais douté qu'il ne fût en état lui-même de peindre *Sa Majesté*, & on auroit souhaité qu'il l'eût fait d'après nature, ce Tableau n'auroit rien perdu de son prix.

L'éloge que l'on a fait du portrait de M. Carlevanloo, reconnu pour un grand Peintre d'histoire ne diminue rien de celui que je vais vous faire du portrait de M. Danger, sur lequel notre Auteur a passé trop légérement, qui merite des attentions toutes particulieres, & que l'on peut dire être une des plus belles choses qui soient sorties du pinceau de l'illustre M. Tocqué. *L'ordonnance*, *la force*, *la verité*, *le dessein* & la couleur que les Connoisseurs y ont remarqué est au-delà de tout ce qu'on pouvoit desirer du pinceau de cet Artiste, plusieurs même font persuadés que si le Public eût voulu donner le prix au Peintre de portrait comme il l'a donné aux Tableaux d'histoire, M. Tocqué l'eût emporté ou du moins l'auroit partagé avec le célébre M. Nattier...

Vous

Vous avez vû, Madame, dans le
ivre de notre Auteur les louanges
ue méritent les autres Tableaux
eints en huile. En suivant ce que vous
'avez prescrit vous-même, je passe
ceux sur lesquels il a gardé le silen-
e, & quelques-uns dont il n'a pas
ssez parlé, & d'autres pour qui il
s'est épuisé de façon qu'on pourroit
ui appliquer cette réflexion d'un de
nos Panégyristes : » Le Flatteur, dit
»'M. Mascaron dans une de ses Orai-
» sons funébres, est toujours intéressé,
» il aborde en adorant, mais ses louan-
» ges ne font que la préface d'une de-
» mande... *Accessit adorans & petens*
» *aliquid ab eo...* » Pardonnez, Madame, si je n'y joins pas vos observations
qui font un peu trop *méchantes*. Comme je crains que ma Lettre ne de-
vienne publique, quoique je n'aye
pas l'honneur d'être connu de notre
Auteur, il est des choses que la bien-
séance oblige de taire. Vous sçavez
qu'il a ses raisons pour garder l'Anonime, peut-être sont-elles mieux fon-
dées que les motifs qui l'ont détermi-

C

né à se ménager dans les éloges qu'il
n'a pû refuser pour les prodiguer en-
suite aux dépens de ceux qui malgr
son *affectation silentieuse* à leur égard,
n'en font pas moins estimés du Public
Vous lui en voulez sans doute d'avoir
mis de ce nombre M. Ladey, car je
me souviens que vous avez *considéré*
avec plaisir ces deux Tableaux de
Fleurs (7) qui sont peints d'un très-
bon goût.

Vous vous impatientez peut-être de
ce que je n'ai point encore parlé des
Portraits en Pastel pour faire usage des
remarques que vous m'avez envoyées
& qu'un Artiste dont la réputation est
établie vous a communiquées. Vous
prétendez donc, Madame, que M.
Delatour ne gagneroit pas à la com-
paraison si on plaçoit les portraits à
côté de ceux de l'illustre M. Vivien &
de Mlle Roza-alba. Je vois bien que
vous avez consulté des Maîtres de
l'Art quand vous vous écriez dans
votre Lettre en parlant des Portraits

(7) Voyez le Livre d'Explication p. 23.
24 Nº. 101. 102.

de M. Vivien : » Avec quelle facilité
» ils sont peints , & quelle vigueur
» dans sa couleur ? quelle légéreté
» dans sa façon de traiter les che-
» veux que l'air semble agiter. La
» touche est telle qu'on la demande
» dans un habile Peintre. Il sçavoit,
» dites-vous, ajouter l'art à la nature,
» & n'étoit *servile* qu'autant qu'il le
» croyoit nécessaire... » Pour achever
son éloge je vous observerai que nous
avons de lui à Versailles un Portrait
de l'Empereur qui est peint avec toute la force & la noblesse qu'on puisse
demander dans un pareil Tableau.....
Quel contraste de beautés vous me
faites remarquer dans la Dlle Rosa-
alba ! quelle grace , quelle légéreté
dans ses Pastels ! La touche en est admirable , moëleuse & sans *dureté* ;
nous avons en France dans plusieurs
de ces *Cabinets merveilleux* des Ouvrages de cette fille incomparable.

Après ce que je viens de rapporter ,
& tous les endroits que j'ai tirés de
votre Lettre , notre Auteur ne s'est-il
pas trompé dans la sienne en nous

C ij

observant que *les femmes qui portent souvent plus loin que les hommes la vivacité de l'imagination & la finesse du sentiment, ne se croyent pas faites pour juger de la Peinture, pour laquelle*, dit-il, *elles semblent avoir une espéce d'éloignement qu'il a peine à concevoir.* Mais comme cet article vous est personnel, & que vous y avez répondu, je me réserve à lui rendre fidélement ce que vous pensez, après que j'aurai satisfait à tout ce que vous exigez de moi.

Parmi les 11 Portraits en Pastel de M. Delatour dont notre Auteur *a crû devoir n'en ommettre aucun*, il nous observe que *le Public a trouvé celui de M. l'Abbé Leblanc un des plus forts qui ayent jamais été faits dans aucun genre.* Mais ne pourroit-on pas lui appliquer ici ce qu'il dit en parlant des *erreurs* dans lesquelles il prétend que *l'Auteur des Réfléxions* sur la Peinture *a pû tomber.* Il me pardonnera si les emprunts que je lui fais ne sont pas à son profit. Ce sera à vous, Madame, de lui en payer l'intérêt... *C'est souvent*, dit-il, *de la meilleure foi du monde qu'on*

mirent la vérité, la force du coloris, l'harmonie & l'effet qui se trouvent dans ce Tableau, je laisse au Public, que notre Auteur reclame, à juger lui-même s'il n'est pas le seul dont on pourroit dire qu'il est *un des plus forts qui ayent jamais été faits dans aucun genre.*

Pour résoudre cette espece de problesme qu'on place dans le même endroit le beau portrait de M. Mignard peint par M. Rigaud. Rien ne pourroit exprimer les louanges qu'il faudroit donner à cet ouvrage. Je dirai seulement que cette tête de M. Mignard peut se mettre avec tout ce que nous avons de plus précieux dans le Titien & le Vandeick. Il nous reste encore de M. Rigaud des portraits de nos Rois. Mais il ne s'est point trompé dans l'exacte copie dela nature, il a réellement peint un Roi, c'est-à-dire avec toute la Majesté & la grandeur de son rang. Nous avons aussi de sa main, des Heros qu'il nous a peint avec autant de vérité & de noblesse que l'on jugeroit de leurs grandes actions en voyant leur portrait. De notre temps

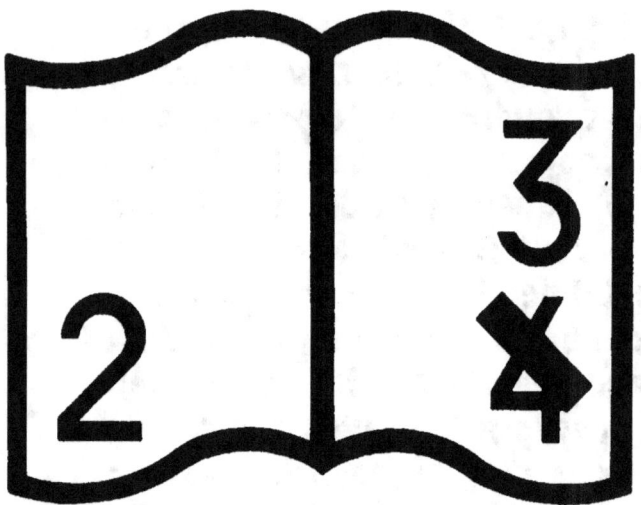

Pagination incorrecte — date incorrecte

n'avons-nous pas auffi des portraits de femmes des célébres Detroys & de Largillieres ? Avec quelles graces ne les ont-ils pas rendus, quel beau pinceau, quel deffein fçavant ; le filence que notre Auteur a gardé fur ces grands hommes feroit foupçonner (fi on veut l'en croire) que leurs ouvrages ne font rien auprès de ceux de M. Delatour fur-tout depuis que *ce génie heureux qui lui fait produire tous les jours de nouveaux chef-d'œuvres lui a fait imaginer vn fecret qui en garantit la durée.* (10) c'eft à vous, Madame, que je

(10) Il eft vrai que M. Delatour s'eft donné la torture pour trouver un *Vernis* qui lui a manqué, & qui lui a gâté totalement quantité de Tableaux. Ce fait peut être attefté par *ces habiles gens qui l'ont vû travailler & aufquels* notre Auteur a entendu dire que *fi plufieurs Artiftes prétendent que le Paftel eft beaucoup plus facile que la Peinture à l'huile, il s'en faut beaucoup que la chofe foit vraye du Paftel tel que M. Delatour le traite.* On n'ignore pas qu'il a offert une fomme d'argent au fieur Charmeton qui s'eft flatté d'avoir trouvé la façon de fixer le Paftel. On convient qu'il a découvert par fes foins quelque *corps fubtil* avec lequel il prétend donner

dois la note que vous me recomman-
dez de ne pas oublier , & qui devoile
auffi un fecret que notre Auteur ne
fçavoit pas ou qu'il a crû devoir igno-
rer , pour faire *fentir tout le merite de
celui de nos Peintres de portraits qui nous
a confolé , dit-il , de la perte de Rigaud
& dont le nom eft fi célèbre par toute l'Europe.* Auffi a-t'il bien fçû obferver à
l'Auteur des réfléxions fur la Peinture
*qu'on ne doit point confondre dans la fou-
le un homme qui eft le premier dans fon
genre.* Mais n'eft-il pas plus coupable
que celui dont il veut corriger les *erreurs* puifqu'il n'a eu des yeux que pour
cet *homme* & qu'il a mis dans l'oubli un
portrait (11) qui a reçû les fuffrages

plus de confiftance à cette façon de peindre.
Mais ce *fecret* eft général & deviendra celui
de tous nos Artiftes en ce genre , fi la chofe
réuffit , parce que le fieur Charmeton moyen-
nant un profit raifonnable fe fera un plaifir
de fervir le Public. Il ne s'agit donc que de
nous donner des preuves certaines de ce *fecret* , & c'eft ce que nous n'avons pas encore
vû en réalité.

(11) Portrait de M. L * * * peint par M.
Loir fon parent. Voyez le Livre d'Explication p. 29. N°. 320.

du Public. Vous l'avez admiré comme
bien d'autres, Madame , en rendant
juftice à ce jeune Peintre qui avec le
temps n'acquerera pas moins de réputation que les plus célébres en ce genre.

*Tout homme qui a du talent eft recom-
mandable pour ceux qui ont le bonheur
d'aimer les Arts ; il y a de l'injuftice à le
priver de la louange qui eft dûë à fon merite. .. !* Ce font les termes de notre
Auteur & je ne l'attaque qu'avec fes
propres armes pour lui prouver que le
portrait de M. Loir *valoit bien la peine*
d'oublier un moment fon Heros en rendant hommage à la verité. Il n'y a pas
au monde un plus beau caractere d'efprit que d'aimer la verité. Cet amour eft
dans notre entendement le remede de
toutes les erreurs , dans notre cœur le
frein de toutes nos paffions&dans la vie
civile le lien le plus affuré de la focie-
té. Cet amour nous rend prefqu'éga-
lement incapables de tromper & d'être
trompés. Si notre Auteur en étoit auffi
pénétré que vous & moi, Madame ,
il ne m'auroit pas procuré la gloire de
relever le merite de ceux dont je prens

la défenſe. Il ne tiendra qu'à M. Loir
de n'avoir à l'avenir que peu de Rivaux
à craindre & de les égaler dans le genre du paſtel qu'il pratique dans un goût
très-gracieux. Le Public n'ignore pas
les efforts qu'il a faits pour parvenir
avec plus d'honneur dans une Académie auſſi reſpectable, ayant *modelé* le
portrait de M. Carlevanloo & une figure repréſentant le *Satyre Marſias*
(12) mais la foibleſſe de ſon tempéra-
ment ne lui ayant pas permis d'exer-
cer un talent dont il ne fait aucun
uſage aujourd'hui, il s'eſt entierement
fixé à l'amour qu'il a pour le genre
du paſtel. Je me ſouviens, Madame ,
des deux obſervations que vous m'avez
faites au Salon, & que vous n'avez
pas obmiſes dans votre Lettre. En at-
tendant que je puiſſe vous envoyer un
exemplaire de la petite Comédie *,
dont vous avez vû la premiere Repré-
ſentation , je vais vous copier les vers
que vous me demandez, & que j'ou-
bliai de vous donner le jour de votre

(12) Ces deux Ouvrages *modelés* ſont dans
l'Académie qui lui a fait l'honneur de les
agréer.

* Les *Tableaux*, Comédie en un Acte &
en Vers par M. Panard.

départ, comme je vous l'avois promis
en les écrivant fur mes tablettes tandis que vous les applaudiffiez avec les
Spectateurs, qui ont eu autant de
plaifir à les entendre, qu'ils en ont
eu en admirant au *Salon* le Portrait
qui en fait le Sujet....

On applaudit avec ardeur
Le Portrait d'une Reine augufte ;
Dont les tendres regards s'attache fur le Bufte
Du Héros qui fixe fon cœur :
Quel Port majeftueux ! quelle noble attitude !
Non, non, je ne crois pas que l'Art joint à
l'Etude,
Puiffe jamais la rendre mieux.
Une bonté qui flatte, une douceur qui touche
Donnent à la Grandeur l'air le plus gracieux,
L'aimable vérité fe montre fur fa bouche,
Et l'on voit fon cœur dans fes yeux;

Je reviens, Madame, aux deux articles fur lefquels je vais tâcher de fa-
tisfaire votre curiofité. Le premier re-
garde M. Bouchardon dont *le cizeau*
nous a fi fouvent enchanté par la correction
autant que par le grand goût de fon def-
fein comparable à celui de l'antique du
premier ordre qu'il a toujours pris pour
fon modéle. (13) Ce petit éloge ne fera

(13.) Voyez les Réflexions citées au chiffre
3. page 122.

point défavoué par l'Auteur des *Réflexions*, puisque je me fes de fes mêmes
termes; mais il n'a pas été fi vrai dans fa
Critique (p. 124. 126. 127.) de fon modele en platre repréfentant *le Dieu de l'a-
mour qui veut, dit-on, fe faire un arc de
la maffuë d'Hercule.* Cependant il convient (p. 124.) que la *correction & les
belles proportions de cette petite figure ont
eû une approbation générale du Public &
beaucoup d'éloges des Artiftes ?* Que di-
roit-il donc aujourd'hui du grand modele de ce même amour que le fieur
Bouchardon exécute en marbre pour
le Roi & dont le travail affidu l'a empêché de partager au Salon la jufte
louange que notre Auteur n'a pû re-
fufer aux différents morceaux de Sculpture dont il parle dans fa Lettre. Je fuis
perfuadé, Madame, que ces *Curieux
d'un goût délicat & qui n'admirent les
beautés de l'art qu'autant qu'elles fervent
à l'expreffion d'un fujet heureux & inté-
reffant* ne feront pas fi *moderés dans leurs
éloges*, & qu'en voyant cet amour ils
s'écrieront avec les *véritables Connoif-
feurs* que cet ouvrage eft un des plus
beaux de ceux qui font déja fortis du
cizeau de ce célébre Sculpteur. L'Au-

38

teur des *réfléxions* ne s'eſt pas trompé
en obſervant que *le Public n'a pas à
craindre qu'elles ne ſoient bien reçües de
ce grand Artiſte*, puiſque la ſupériorité
de ſes talents & ſa modeſtie lui ont
acquis le droit de juger ſes Confreres.
Mais tandis qu'il rend juſtice aux beautés de leurs ouvrages : ils admirent
avec le Public *ce que ſon ciſeau a fait
d'excellent auſſi bien que ſon divin crayon
qui nous a donné des deſſeins comparables
à tout ce que les plus grands Maîtres de
l'Italie nous ont laiſſé dans ce genre* (V. les
réfléxions pag. 128.,

   Le ſecond Article qui concerne le
ſieur Pigale eſt auſſi intéreſſant que le
premier. Ce jeune Sculpteur qui en ſui-
vant la même carriere du ſieur Bouchardon marche avec diſtinction ſur ſes tra-
ces, a été injuſtement oublié par notre
Auteur. Les jugements de ceux qui ont
admiré ſa *Venus* qui eſt le Pendant de
ſon Mercure digne des éloges dont les
Connoiſſeurs l'ont honoré (14) ne

(14) C'eſt un modéle en Plâtre qui fait
Pendant à un Mercure ci-devant exécuté en
Marbre pour le Roi V. le Livre d'Explication,
pag. 17. N°. 57.

lui *ont pas été* moins *favorables* cette
année. Les inconveniens & les diffi-
cultés du transport que l'on n'avoit pas
prévuës ont empêché qu'elle n'ait été
exposée au Salon avec les autres ouvrages de nos Sculpteurs, que notre
Auteur n'a pas crû devoir louer en
détail quoique *leurs talens égalent ceux
de nos Peintres.* Les Connoisseurs & les
Curieux n'y ont rien perdu s'il avoit
voulu les suivre chez le sieur Pigale
qui reçoit avec plaisir tous ceux qui de-
mandent à voir sa *Venus*, il auroit été
à porté d'en *rendre un compte exact* en
admirant comme eux la beauté de cette
figure, la composition, la précision
dans les belles formes & en remar-
quant que *les contours en font coulans
élegans dans le goût le plus excellent &
les proportions les plus autorisées de l'Antique*, il n'auroit pû s'empêcher de dire
à la louange du sieur Pigale que sa
Venus lui fait autant d'honneur que
son *Mercure* & que ce jeune Sculpteur
n'acquerera pas moins de réputation
que les plus grands hommes de notre
siécle en ce genre.

D ij

La petite scéne qui s'est passée à son
sujet & dont j'ai été temoin pourroit
faire une Anecdocte aussi curieuse
qu'amusante ; mais je me contente de
vous la rendre en prose rimée pour
ne *pas répéter une partie des justes louan-*
ges que je viens de donner aux talents de
nos Artistes qu'on avoit oubliés, &
que je n'ai point l'art de sçavoir varier.

Parmi les *Amateurs* que *Vénus* attiroit ,

Chez Pigale où l'on admiroit :

Un digne Eléve de Voltaire ,

A la Déesse de Cythere

Demandoit l'autre jour de la part d'Apollon

Qui murmuroit de son absence ,

Pourquoi de sa noble présence

Elle avoit privé le *Salon*.

Dans mon *attelier* je suis Maître ,

Lui dit Pigale avec douceur :

Et si vous êtes *Connoisseur* ,

Apprenez que *Vénus* à qui j'ai donné l'être ,

Au *Salon* ne devoit paroître

Que pour admirer Bouchardon ;

Et les *beautés* de son *fils Cupidon* ;

Cet éloge fait votre gloire,

Reprit alors un *Amateur*,

Mais je soutiens qu'au Temple de mémoire

Bouchardon de *Vénus* sera le protecteur,

Puisqu'il approuve les suffrages

Que l'on donne à vos deux Ouvrages.

Il ne me reste plus, Madame, qu'à vous parler des gravures de différens Artistes sur lesquels notre Auteur a gardé aussi le silence. Les Ouvrages de MM. Lepicié & Lebas ne méritoient pas moins d'attention que ceux des autres Graveurs ; personne n'ignore que M. Lepicié, Sécrétaire perpétuel & historiographe de l'Académie sçait joindre au talent de la Gravure qu'il possede à un degré supérieur celui de la Poësie & un goût décidé pour les Belles-Lettres. Quelle raison notre Auteur peut-il avoir pour ne le pas nommer en parlant des *Estampes qui méri-*

tent d'être confiderées avec attention & où
nos différens Graveurs les plus habiles qui
foient dans l'Europe ont fçû rendre non-
feulement l'efprit , mais prefque jufqu'à la
touche du Tableau. Pourquoi n'a-t-il remarqué qu'une feule Eftampe ? eft-il le
feul qui n'a pas reconnu que dans les
Francs - maçons flamands en loges de
M. Lepicié la vérité du Tableau y
eft renduë avec beaucoup d'expreffion
& que le Burin y eft manié avec autant d'art que de délicateffe.

N'a-t-il donc rien remarqué dans
les ouvrages de M. Lebas qui fuivant
l'Auteur des réflexions font toujours admirés par l'habileté de fon burin que l'on
peut appeller le Rival du pinceau, & qui
en partageant les éloges que l'on donne à fes Confreres méritoit quelque
diftinction.

Je me rappelle encore un Article
que je ne dois pas oublier. C'eft la
reforme que notre Auteur propofe &
à laquelle il prétend que tous les Peintres ont un intérêt fenfible. Pour moi
je doute qu'elle foit jufte dans toutes
fes parties. Pour en décider il faudroit

sçavoir si tous les Tableaux dont il
n'a point parlé *ne valent pas la peine*
d'être exposés au Salon. Les observations que je viens de faire jugent la
question sans appel. Si l'on en croit
notre réformateur, *l'honneur de l'Aca-*
démie est intéressé à ne pas exposer des
Tableaux d'une certaine médiocrité. Ce
seroit à elle à faire le choix de ce
qu'elle peut avouer & non pas à notre Auteur. Les Artistes dont il a af-
fecté de ne rien dire y gagneront toujours tant qu'ils auront pour Juge l'illustre M. Coypel. Ils sentiront comme
l'Académie la satisfaction glorieuse
qu'il y a de trouver dans sa personne
un ami & non pas un maître, & qui
ne pense uniquement qu'à tout ce qui
peut faire l'avantage de ses Confréres.

J'en reviens à vous, Madame, en
ce qui concerne l'article du beau Sexe dans le *Livre* de notre Auteur. S'il
est vrai, comme il le dit lui-même,
que *la connoissance de la Peinture ne de-*
mande de tout homme bien organisé que
la sorte d'attention qu'il est naturel de
mettre aux objets de vos plaisirs. Voyez

& jugéz , nous dit-il , *c'est le seul précep-*
te qu'il y ait à donner à ceux qui ont des
yeux. Il ne doit point être surpris si
avec le secours de vos Remarques j'ai
entrepris de rendre au Public les morceaux qu'il avoit admirés sans partia-
lité. S'il avoit l'honneur de vous connoître , Madame , il ne diroit pas qu'il
voit *avec regret les femmes négliger la*
langue de la Poësie & des graces pour cel-
les que nos Géometres modernes ont mis en
réputation. J'avancerai sans crainte que
vous êtes plus capable que lui de sentir les beautés & la finesse du *Dialogue*
Italien dont il a emprunté un passage
pour servir d'Epigraphe à sa *Lettr*.
J'aurois pû lui rendre le change & lui
donner une preuve de vos talens en
transcrivant les petits morceaux de
Poësie Françoise & Italienne que vous
m'avez envoyés ; mais je les réserve
pour une autre occasion. Il ignore
sans doute que nous avons dans Paris
des *femmes* qui *cherchant* comme vous
à *se procurer un amusement d'une nou-*
velle espéce , sçavent en trouver un dans
la Peinture , qui ne font point *substi.*

4

uer dans leurs appartemens les glaces aux tableaux, & qui font peut-être plus en état que lui d'en juger. Quelques-unes même pourroient difputer à nos Artiftes. Mlle L *** nous en donne un exemple qui détruit toutes ces petites *phrafes brillantes* dont il a décoré fa *Lettre* aux dépens....

D'un Sexe aimable & plein d'appas,

Qui fans le clavier d'Ariftote

Du bon goût régle le compas,

Et nous affervit à fa note.

Dans le moment que j'allois finir ma Lettre, Madame, on m'en a remis une de l'Auteur des Réfléxions fur la Peinture pour fervir de réponfe à celle qui a donné matiere à vos obfervations. Je l'ai parcouruë : j'y ai lû avec plaifir l'éloge qu'il fait (pag. 13. & 14. d'un Magiftrat *qui mérite le titre éminent d'excellent citoyen que tous les cœurs des François lui ont donné avec*

acclamation. C'eſt un hommage qu'il
rend à la vérité ; c'eſt en partie ce
qui l'a *engagé à publier* cette Lettre,
dans laquelle en ſe juſtifiant des reproches qu'on lui fait *d'avoir gardé
l'incognito*, il obſerve qu'en ſe nom-
mant il auroit affiché *l'envie de tirer
de la vanité & de la réputation de ſa critique;* il y détaille auſſi (pag. 16. &
17) les motifs qui l'ont *déterminé à
écrire ſes Réfléxions* ſur la Peinture qui
lui ont *attiré*, dit il, *les applaudiſſemens
les plus flateurs pour un bon François.*

Pour moi , Madame, qui n'ai eu
d'autre but que de ſeconder l'intention
généreuſe que vous avez de relever le
mérite de ces Artiſtes dont notre *Réformateur* s'eſt imaginé qu'il *n'avoit rien
à dire*, je ne puis mieux finir ma Lettre qu'en me ſervant des mêmes termes qui ſe trouvent dans celle de l'Auteur des Réfléxions. Je dirai donc comme lui, que s'il ſe rencontre dans la
mienne des *négligences*, des *répétitions
de mots & quelques fautes* même *dans
le ſtile, elles ſemblent* pardonnables à un

Particulier qui n'est nullement Auteur de profession, & n'a point envie de le devenir.

J'ai l'honneur d'être,

MADAME,

Votre &c;

Ce 1^r. Octobre 1747. * * * * *

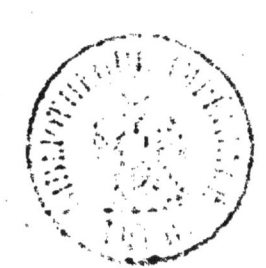

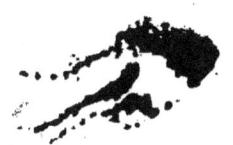

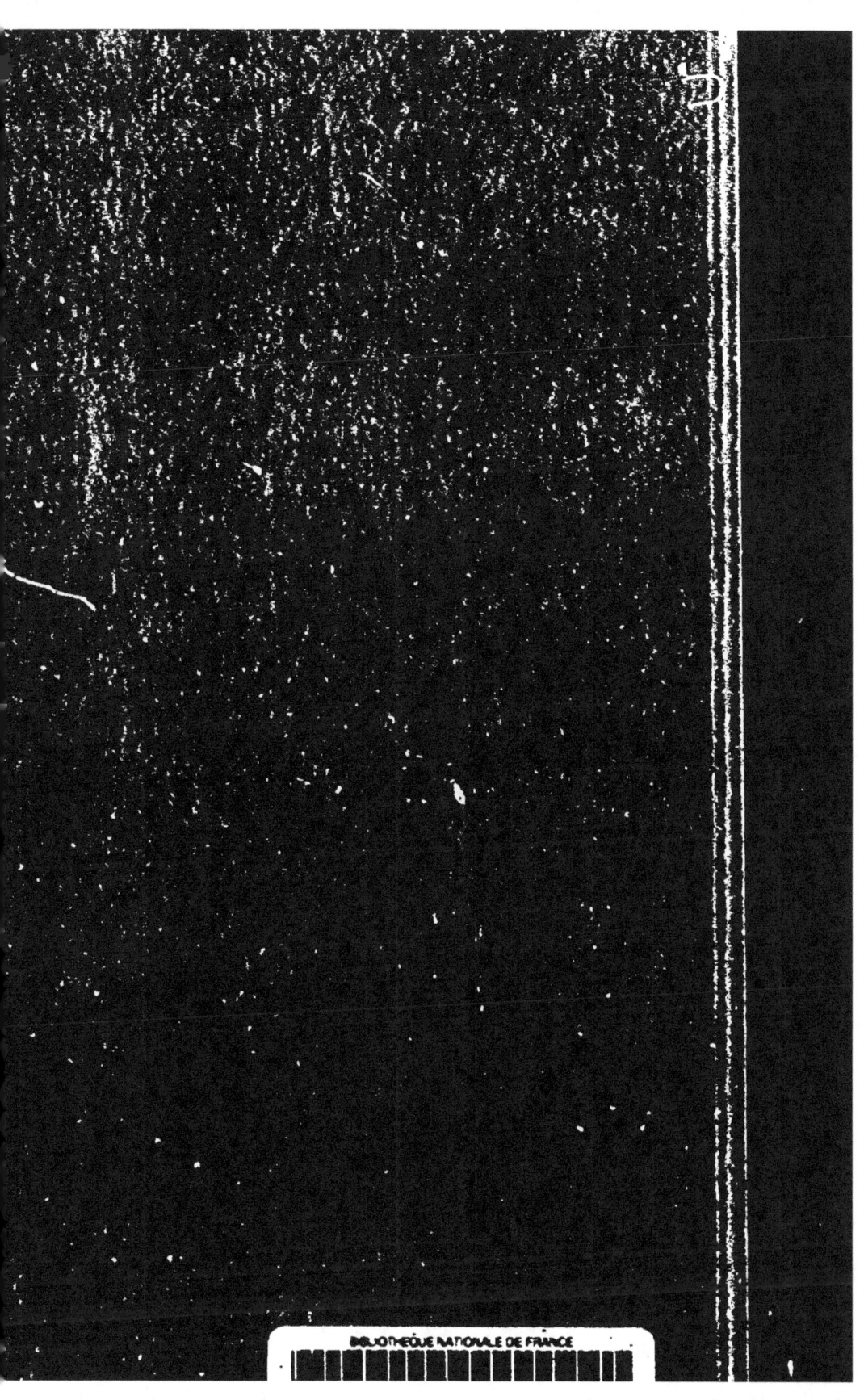

www.ingramcontent.com/pod-product-compliance
Lightning Source LLC
Chambersburg PA
CBHW071440220526
45469CB00004B/1611

* 9 7 8 2 0 1 2 7 4 4 5 3 0 *